「気前よく」の奇跡

斎藤一人
Saito Hitori

PHP

運勢をよくしたい、かわりたい。

心がワクワク、
感じてみたい。

だとしたら、
ちょっと試して
みてください。

あなたの
日常をかえよう
としないでね。

何かする前に、
「気前よく」と
言うだけでいい。

「気前よく」は、
魔法の言葉。
口にしたとたん、

心の奥にある
「気前がいい」
スイッチがカチッと入る。

「気前のいい人生」が
はじまりますよ。

「楽しい一人さんの話を、もっと楽しむコツ」

◆私は、自分自身のことを
「ひとりさん」と呼ぶクセがあります。

◆この本には「神さま」「神」という言葉がたくさん出てきますが、
わたし斎藤一人は宗教家ではありません。

◆私が言う「神さま」「神」は、
特定の宗教の神さまではありません。
「命」、あるいは人生を創造する「エネルギー」のことを、
「神」と呼んでいます。

はじめに

「気前がいい」って、
昔からある言葉だけど、
「ふだん、あまり使ったことがない」
という人がほとんどです。

「あの人は気前がいい人だ」とか、
「あの人が気前よく○○してくれた」とか、
他人の行動に対して「気前がいい」ということはあっても、
自分の行動に「気前がいい」という人はめったにいない。

ところが、私はなぜか昔から、
この「気前がいい」という言葉を、
なぜか、日ごろから口にしてきました。

理由は、自分でもよくわからない。
でも、「気前がいい」という言葉が口をつく。
「今日の夕飯は気前よく
コンビニ弁当にしよう」とか（笑）。
「いつもはラーメンライスだけど、
今日は気前よくケチって、
ラーメンだけにしておこう」とか（笑）。

日常のいろんなことに、
「気前よく」とか、「気前がいい」という言葉を、プラスするクセがあってね。
それが、子どもの頃からずっと続いてるんです。

そんな私には、
「ありがたいなあ」と
思わず手を合わせたくなるような
幸せなことが毎日のように起きてくる。

神さまが気前よく、
幸せな奇跡を起こしてくれるんです。

神さまってね、実は、ものすごく気前がいいんですよ。

学校の勉強に向かない、

中学校もマトモに通ってない、
従業員五名の小さな会社をやっている、
と言いながら、
めったに会社には顔を出さないし、
会社の帳簿に一本の線も引いたことがない。

そんな私を、
神さまは気前よく、
納税日本一にしてくれました。

神さまってね、際限なく気前がいいの。
どこまでも気前がいい。
誰に対しても気前がいい。

そのことがわかるのが、
「気前よく」「気前がいい」という言葉の魔法です。

これから本書の読者のみなさんに、
この言葉の、不思議な魔法について、
神さまが気前よく幸せなことを起こしてくれる、
心と人生の不思議について、
お話ししたいと思います。

それでは、はじめますよ。

平成三十一年二月吉日

さいとう　ひとり

「気前よく」の奇跡◆目次

はじめに……010

序章

「もっとがんばらなきゃ」と思っている、あなたへ

神さまは気前がいいから、あなたは「おまかせ」でいいんだよ……026
意味を理解しないまま「気前いい」と言いはじめたら、小さな奇跡が次々と起きだした！……029
気後《きおく》れしていた自分の「気」が、一歩、前に出た……034

チャンスをものにできなかった僕も、
一気に形勢逆転……038
「どうしよう、どうしよう」とならず、
自分が一歩、前に出る……043
自分がかわることに努力は要らない……047

第一章

ほとんどの人が、まだ気づいていない「気前よく」の魔法

一人さんは気前よく生きているから、
うまくいっちゃうんです……052

ウマい話には「落とし穴」がないんだよ……058
「気前よく」をつけ足してみたら、売り上げが「気前よく」四倍になった
～新小岩のお蕎麦《そば》屋さんに起きた奇跡……062
「気前よく」という、その一言で、お客さまとの距離が縮まる……065
ひらめきが「気前よく」やってきた……069
たったひと言、「気前よく」をつけ足しただけで奇跡が起きた！……072
「気前よく」と言っている今の気分はどうですか？……078

一人さんは「気前よく」「気前がいい」という
言霊の魔法を気前よく信じているんだよ……084
「気前よく」自分の好きなことを
したくなっちゃうから魔法なんです……091
「気前のよくない」あの人をかえたいときは、
自分自身を「気前よく」ゆるしてあげてごらん……097
「私は小さいことを気にしてばかりいて」って言う人は、
「気にしないようにする」努力をやめてごらん……101

第二章

たった一言でラクで楽しく自分が好きになる

「気前よく」と言うだけで、小さな奇跡が毎日、起きるようになるんだよ……108
「気前よく」と言っているうちに、自分の魅力が現われる、自分のことが好きになるんだよ……112
「気前よく」と言っているだけで解決しちゃう問題って、いっぱいあるんだよ……115
一人さん流は、ラクで楽しく自分の心をコントロールするんだよ……121

がんばってウマくいかない
自分はダメなんじゃないよ、
ラクで楽しい方法ならウマくいくんだよ……126

がんばることがやめられないなら、
「気前よく」をつけてごらん。
がんばることを「気前よく」やめる、って……134

第三章

奇跡のスイッチ「気前よく」
——なぜ、あの人には困ったことが「ツキ」にかわるのか

他人にお願いできない人・断れない人は、
「気前よく」をつけ足してごらん……142

たったひと言の魔法で、
困ったことが起こらない、
「気前よく」対処できる私に変身
～新潟の、木村美南子さんに起きた〝小さな奇跡〟……146
寒波に見舞われた新潟でハプニング
「車のエンジンがかからない！」……148
「もしかしたら、私のせい？」
自分を責めそうな自分に「気前よく」と言ってみた……150
「助かった、ついてる」
また、「ついてる」の連続……154

気前よく、私を守ってくれている……158
今の自分に必要な
「こたえ」を探しているなら
「気前よく」って言ってごらん……160
あきらめるんじゃなく、
目的をかえた、ということなの。
「気前よく」目的をかえた、って言ってごらん……166

装丁——一瀬錠二（Art of NOISE）
編集協力——道井さゆり

序章

「もっとがんばらなきゃ」と思っている、あなたへ

神さまは気前がいいから、あなたは「おまかせ」でいいんだよ

ほとんどの人は、
自分が今がんばってることに気づいていない。
だから、「もっとがんばらなきゃ」って、
自分自身にも言っちゃうんだよ。

でも、人ってね。
誰でも、今がんばってるの。

十年生きていれば十年分の荷物を背負《しょ》ってるし、

二十年生きてる人は、二十年分の荷物を背負ってるんだよ。
わかるかい？

あなたは、もうすでにがんばってる。
もう、これ以上、
努力と根性でがんばることって、ないの。

やるとしたら〝ちょっとだけ〟。

ふだん自分がやっていることに、
「気前よく」
という言葉をつけ足してみてください。

日ごろの、自分の生活を何もかえないで、

「気前よく〇〇する」とか、
日常のことをしている自分自身に、
「気前がいい」とか。

たったひと言、つけ足すだけでいい。

たったそれだけですか、って、
たったそれだけが、いいんです。

それで、小さな奇跡がちょくちょく起きてくる。
「気前のいい人生」になる。
神さまが「気前よく」やってくれるんです。

あなたは、神さまに「おまかせ」でいいんです。

意味を理解しないまま「気前いい」と言いはじめたら、小さな奇跡が次々と起きだした！

ふだんやっていることに、
「気前よく」という言葉をつけ足すと、
どんなことが起きてくるのか、
実験をしている人たちがいます。
その一人、
社会人一年生の〝たくちゃん〟の報告を
ご紹介させてもらいますね。

*

先日、東京の、新小岩にある、

「ひとりさんファンクラブ」に遊びに行ったときのことでした。

「気前よく〇〇するよ」とか
「気前いいね～」

という声が聞こえてきたんです。

「気前よく〇〇する」と言っている人たちが
やけに楽しそうだったので、
「『気前がいい』って言い合って、
何なんですか？」
って、僕、聞いたんです。

そしたら、その人たちはこう言いました。

「気前よく」って、
一人さんから教わった魔法の言葉なんだよ、って。

「気前よく○○する」と言うと、気分が違う。
「思い」もかわる。
「思い」は人生を創る。
だから、「気前のいい人生」になるよ、って、
一人さんに教わったんだよ。
今、その実験をしているんだよ。
「気前よく○○する」とか、
「気前がいい」って言っていると、
実際、どんなことが起きてくるか、
それを自分たちは実験してるんだよ――。

その人たちは、そんなことを教えてくれました。

実は、僕、「気前よく」っていう言葉を、
今まで使ったことがなかったんです。

「気前がいい」
という言葉の意味がよくわかんなかったから、
僕も、この実験をやってみたいと思いました。

「気前よく」は
「気」が前に出る魔法の言霊《ことだま》だよ、
ということは、実験をはじめて、
しばらくたってから聞いたんです。

だから、はじめて
「気前よく」の実験のことを聞いたときの僕は、

えっ、「気前よく○○する」って、
どういうこと？　みたいな。

そんなところから
「気前よく」の実験をはじめて、
「あっ、『気前がいい』って、そういうことなんだ」って、
やりながらわかってきた感じですね。

ひと言でいうと、
「気前よく」という言葉は、僕にとって、
言霊のすごさを痛感した言葉なんです。

気後《きおく》れしていた自分の「気」が、一歩、前に出た

「気前よく」という言葉を
日ごろ自分がやっていることに
つけ足すようになったら、僕、わかってきたんです。
どんなときに自分は気後れするのかがわかってきた。

気後れしているときって、
無意識のうちに、
自分自身に「気前よく」「気前よく」って、
言っている自分がいるんですよ（笑）。

それで、自分の「気」が後ろに
引っ込んでしまっていることに気づいたり、
「気前よく」と言えば「気」が前に出て、
心に余裕ができることにも気づいたんです。

たとえば、朝、起きたときから
気後れしそうな雰囲気がするときって、
あるでしょう？　忙しいときとか。

そんな朝、僕は、
「気前よく起きよう」って言って起きるんです。

「気前よく」という言霊で、

自分の「気」が後れないようになる、

というよりも、
「気前よく」と言うと同時に、
自分の「気」が一歩、
前に出るようになった感じが僕はしました。

〝自分〟を保てる。
心にゆとりができる。
周りの人が気後れしている中でも、
自分の「気」がちゃんと前に出てるなって、
実感があるんです。

それは、職場でもそうなんです。
「気前がいい」という言霊の魔法で、

自分を出せるようになってきた、
というのかな。
自分の意見を職場で言えるようになってきたんです。

ミーティングの最中でも、
「気前よく」質問しよう、って
一瞬、心の中で言ってみたんです。

そしたら、本当にできちゃったんです。

自分がわからないことは、
「これ、わかんないんですけど」って、
言えるようになってきたんです。

チャンスをものにできなかった僕も、一気に形勢逆転

入社一年目は研修期間ということで、
特定の部署に配属されず、いろんな部署を回るんですね。
今、僕は、営業部にいるんですけれど、
この部署では、行きたいところがあったら、
先輩営業マンに、
「ここに連れて行ってください」とか、
「先輩、同行させてもらっていいですか」とか、
自分のやりたいことを言わないと、
チャンスをつかめない。

ところが、僕は、
「ここに連れて行ってください」なんて、
ついこの前まで言えなかった。
「今日、先輩について行っていいですか」って
気前よく言えるようになったのは、
「気前よく」の実験をはじめてからでした。

「気前よく○○する」
と言っていない頃の僕は、
新人の僕がこんなこと、言っていいのかな？　とか、
いろいろな考えを頭にめぐらせるばかりで、
一歩、前に足を出すことができませんでした。

でも、「気前よく」と言うようになってからは
なぜか、軽い感じで、
「いっしょに行っていいですか？」って言えるし、
先輩も、一つ返事で「いいよ」って。

それで、とある取引先に
連れて行ってもらえるようになったんですけれど。
そこのバイヤーさんが、僕のことを
ものすごくかわいがってくださるんです。
僕、先輩の隣で話を聞いてるだけなんですよ。
それなのに、僕のことを気にかけてくれて、
「キミは今度いつくるのかな？」
って、言ってくれる。

先輩の営業マンも、
「ああやって言ってくれてるからさ、
毎回ついていてこいよ」と言ってくれて、
今、僕はその量販店さんに
「気前よく」同行させてもらっています。

そのバイヤーさんに、
二年目からは配属先が決まることを伝えたとき、
「えっ、そうなの！
四月からは会えなくなるかもしれないんだ。
でも、また顔を出してくれな」って。

社会人一年生の僕のことを、
そんなふうに思ってくれるお客さんがいる、

ということが、うれしかった。

一人さんが以前、
人に好かれながら成功することが大事だって、
教えてくれたんですけど、
「気前よく」の実験をはじめてから、
ホントにその通りなんだなって、
思うことが日々あります。

やっぱり、人と接するときは、
気後れしない、というのかな。
ちゃんと自分を出して、
「気」が前に出ていることが
大事なんだなあと実感する毎日です。

「どうしよう、どうしよう」とならず、自分が一歩、前に出る

今の会社に入ることが決まったときから、

「いい会社に入れてよかった」

「ついてるな」って思っていました。

職場の先輩も上司も、みんな人がよくて親切で、
僕としては気をつかっているつもりは、なかったんです。

でも、今思うと、僕は気後れしていました。
「自分は新入社員だから
一歩、引いてなきゃいけない」みたいな。

自分の固定観念に、無意識のうちにとらわれていたと思うんですね、僕自身が。

ところが**「気前よく」とか、「気前がいい」とか言うと、「気」が前に出てきた感覚がある**んです。

周りに気をつかいすぎ、考えすぎて、「どうしよう、どうしよう」ってなる前に、行動が先に出てくるようになってきたんです。あわてて手足が出る、というんじゃないんです。心にゆとりはちゃんとあって、いいほうに導かれているな、っていう、〝手ごたえ〟みたいなものがあるんですね。

僕は、この「気前がいい」という言葉を通して、
社会人になった自分を
建設的にふりかえることができました。

今年の四月から会社に行きだしてからずっと、
「これは、どういうふうに
対処しないといけないんだろう」とか、
「これをやっても本当にいいのかどうか」とか考えて、
足が止まっている時間が長かったように思います。

それって、僕が勝手にいろんな制約を
自分自身に課してただけなんだな、って今の僕は思う。

自分にいちばん厳しかったのは自分だろうし、
自分をいちばん、ゆるせなかったのも自分だろうし、
勝手に、自分に枠をはめてたのも、自分だろうし。
ということにも、気づけたのも、
「気前がいい」という言霊の魔法じゃないかと思います。

今は「これでいいんだろうか」じゃなくて、
「気前よく」自分自身に、
「これでいい」って。
「これも、これでいいんだ」って。
そう思いながら、一つひとつ、
楽しくやれるようになってきた。

それも、〝自分らしさ〟を出しながら。

自分がかわることに努力は要らない

そんなふうに変わってきた僕のことを
周りの人たちはどう見ているのかって？
それは、どうなんでしょう。
聞いてみないと、僕、わかんないです。

ただ、最近、
職場の僕のデスクに、
常に商品のサンプルが置かれるようになりました。
僕が商品知識を身に着けたがっているのを知って、
先輩たちが置いていってくれるんです。

それから、この前、こんなことがありました。
取引先に納品が遅れるとお詫《わ》びの電話をするんですね。
先輩たちを見ていると、
結構、怒られたりしていたんですけど、
僕が「気前よく」電話をすると、
「がんばってね」と言われるんですね。

それで、こんなこと言うとアレだけど、
自分にはもう、
「気前のいいこと」しか起きないような感覚が、
僕の中にあるんですね。

「自分の日常生活は、何もかえなくていい」

と言われた通り、何もかえていないんです。

僕は、ただ、

「気前よく○○する」って、

言っていただけなんです。

それだけで、展開がかわってきた。

自分がかわったからだと言われれば

確かに、その通りなんですが、

「自分がかわること」に何の努力もいらなかった。

だから、本当に魔法の言葉だと、僕は思うんです。

「気前がいい」という言葉は。

第一章

ほとんどの人が、まだ気づいていない「気前よく」の魔法

一人さんは気前よく生きているから、うまくいっちゃうんです

「斎藤さんはかわってますね」
って、昔から、よく言われるんですけど、
自分では特段かわったことはしていなくて、
当たり前のことをしていると思っていたのね。

ところが、そうじゃないということに気づいたの（笑）。

それは、この前、ひらめきがきたんです。
「気前よく」という言葉がきたの。

それではじめて気がついた。

一人さんが他の人とかかわっているところ、
それは
「気前よく生きている」ということ。

もしかしたら、あなたも、
「気前よく生きたいな」って、
思っているかもわかんない。

でも、いろいろ考えちゃう。
だから、自分にはできない、って。

一人さんが「気前よく生きている」のは、

たったひと言「気前よく」っていう
魔法の言葉をつけ足しているだけなんだよ。

日ごろ自分がやっていることはかえないんだよ。
前向きなとらえかたをする必要もないの。
何もかえなくていい。

ふだん自分がやっていることに、
「気前よく」とか、
「気前がいい」って、
つけ足すだけなの。

一人さんは、とあるドライブインの、
「スープが醤油《しょうゆ》濃い目のラーメン」が気に入ってるのね。

お弟子さんたちを連れて食べに行くとき、
女性たちは、
パリコレを控えていてダイエット中だから（注・ジョークですよ）、
食後のデザートに、
「気前よく」あんみつ一個を頼むんですよ。
四、五人で「気前よく」あんみつ一個をつつくの（笑）。

たまに、すき家の牛丼《ぎゅうどん》が食べたいときもあるの。
そのときは、「今日は気前よく、
すき家の牛丼、行っちゃおうか」って。
それで、すき家に行ったらば、
「今日は気前よく、
お味噌汁《みそしる》つけちゃおう」って。

なんで「気前よく」って言うのかは、
あんまり考えたことがないんだよ。
子どもの頃からのクセだからね。

でも、**「気前よく」と言うと、**
やってみたら、みんなも、わかるけどね、
気分がいいいんだよ。
「気前のいい心」になっちゃう。

その心が「明日の自分」を創るんだよ。

「心」すなわち「思い」というものはね、
人生の創造主なんだよ。
あなたの「思い」は、

あなたの人生を創っているんだよ。
「気前のいい心」になると、
「気前のいい人生」になっちゃうの。

ウマい話には「落とし穴」がないんだよ

たったひと言、「気前よく」って、
ふだん、自分がやっていることに
つけ足すだけで本当にいいんですか？
そんな、ウマい話があるんですかって？

現実に「ある」から、
私はこうして本を書いているんだよね（笑）。

一人さん自体がそうなんだよ。
「気前よく〇〇する」って

昔から言ってた私に、
神さまが「気前よく」奇跡を起こしてくれて、
納税日本一にしてくれたんだよね。

ウマい話には落とし穴があるって、
みんなは言うけどね、
ウマい話には落とし穴がないんだよ。

一人さんが言う「ウマい話」って、
どんな話ですかって、
たったひと言、「気前よく」って
つけ足すだけで、
神さまが「気前よく」奇跡を起こしてくれる、
っていうことだよ。

一銭《せん》もかからないうえに、
「一」の努力で、効果絶大なの。
「気前よく」と言った人にとって、
めちゃくちゃハッピーなことが
「十」でも、「百」でも起きてくるんだよ。

そして、ある日、
一人さんが「気前よく」って言ってるのを
知った人たちが自発的に、
自分たちも「気前よく」って言います、って、
一人さんのマネをはじめたんだよ。
自分たちには、どんな奇跡が起きるのか知りたいんだ、って、
実験をはじめてくれたんです。

そしたら、
「気前よく」って言いだした人たちに、
〝実証〟ということが起きてきたんです。

わかるかい？

ウマい話には〝実証〟というものが伴うんだよ。
それも、一銭もお金がかからない。
そのうえに、ラクで簡単で効果が絶大なの。

金太郎あめみたく、
どこを切っても「ウマい話」なの。
だから「ウマい話」って言うんだよね。

「気前よく」をつけ足してみたら、売り上げが「気前よく」四倍になった
～新小岩のお蕎麦《そば》屋さんに起きた奇跡

東京の新小岩に
「長寿庵《ちょうじゅあん》」という名前の
美味《おい》しいお蕎麦屋さんがあります。

このお店をやっている浜田ご夫妻は、
二〇一八年の十二月二十九日から三十一日までの三日間、
「気前よく」の言霊の魔法を実験してみた。

三日間だけ、「気前よく天もり」というメニューを出してみたそうです。

すると神さまは「気前よく」奇跡を起こしてくれた。

三十一日の「長寿庵」さんの売り上げが、前年同月同日の約四倍になったそうです。

「それがね、不思議なんですよ」と接客をしている奥さんの直子さんは言います。

「ウチは昔から〝天もり〟も提供していて、当店の人気ナンバーワン・メニューなんですね。

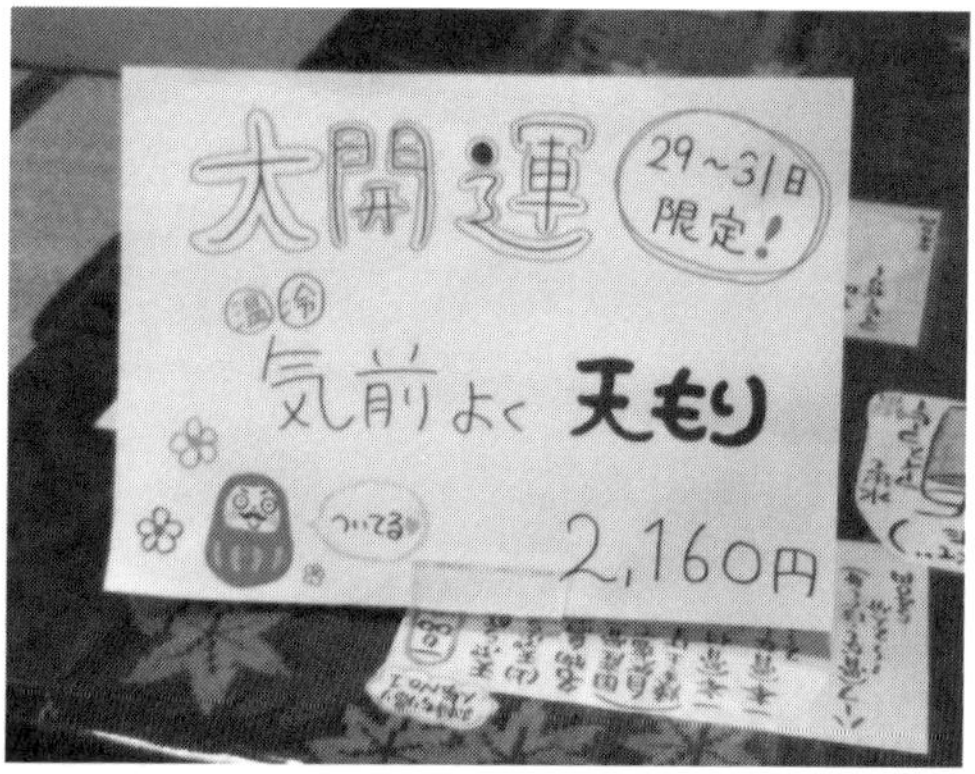

ところが、今年の暮れは
『気前よく天もり』の方が人気だったんです。
『気前よく』って、本当に不思議ですね」

「気前よく」という、その一言で、お客さまとの距離が縮まる

暮れも押し迫った、十二月二十八日のことでした。

夕方、女性のお客さまが二人、ご来店。

お二人はカウンター席に座ると、こう言いました。

わあー、何にしよう。

「気前よく」ラーメン、行っちゃおうかなあ（笑）。

それは、あなた、「気前いい」わね。

私は「気前よく」〝天もり〟にするわ（笑）。

お二人の会話を聞いていると、
なんだか面白くて、
私は、つい笑ってしまいました。
そして、私も、つい、つられて言っちゃいました。

「気前よく」うけたまわりました、って。

そして、カウンターの中で、
お料理をしている主人に言いました。
「気前よく」〝天もり〟いただきました、って。

主人も大笑いです。

その後は、お客さまとの会話が
ぽんぽんと、はずむように進んでいきました。

「気前よく」天ぷらあがりました、って、
主人がいつも以上に明るい声で言いました。
例の、女性客お二人から、
「気前いいね」って言葉が返ってきました。

「気前よく」という言葉を
ちょっと使ってみただけなのに、
不思議ですね。
お客さまとの距離が
縮まったような気がしました。

「気前よく」っていい言葉ですね、
と、私が言うと、
同じカウンター席に座っていた方も、
うなずいて、こう言いました。
「気前よく」という言葉って、
聞いているだけで、和《なご》みますね、って。

ひらめきが「気前よく」やってきた

「気前よく、お勘定《かんじょう》お願いします」

例の女性客お二人がお支払いのときに、

話してくれました。

私たちは、今、

一人さんも口グセにしているという

「気前よく」という言霊の実験をしているんです、って。

お話を聞いていて、私はワクワクしてきました。

「気前よく」という言霊の魔法で
私たちには一体、どんなことが起きるんだろう、
そう思っただけで、ウキウキしてしまいました。

すると、主人が言いました。
「私もお店で『気前よく』の実験やりたいです」

二人の女性客がお帰りになったあと、

私たちは話し合って、
「明日から、大晦日《おおみそか》までの三日間だけ、
『気前よく天もり』を提供しよう」
と決めました。

「気前よく天もり」って、
名前をひらめいたのも、
「気前よく」の言霊の魔法じゃないかな、って、
私は思うんです。

たったひと言、「気前よく」をつけ足しただけで奇跡が起きた！

「気前よく」という言霊は、すごいですね。

たいていのご夫婦は、
奥さんが主導権を握っている、って
言いますよね。

ウチもそうだった、はずなんですよね。
私が母親になっちゃうんです、
「アレして」「コレして」って、

主人に言っちゃうほうだったんです。

ところが、「気前よく」を使いだしてから、
私たちの夫婦関係も
ちょっといい感じになってきました。

「気前よく天もり」を
三日間限定で提供します、って
お知らせするポップ（63ページ、写真参照）を
主人は、「店の中に置こう」と言ったんです。

いつもの私なら、
「外に出して見せたほうがいいよ」
って、言ってるはずなんです。

でも、あのとき、私はなぜか、
主人からの提案に
「そうしよう」って、
「気前よく」返事をしてしまったんです。

「気前よく天もり」と、
いつもお店でお出ししている〝天もり〟、
両者の違いを、ポップに書こうとした私を
主人は制してこう言いました。

「一人さんが使っている
『気前よく』という言葉は開運の波動だよ。
オレたちは『気前よく』
この『気前よく天もり』を提供していこう」って。

主人の「気前のいい」言葉に、
私はほれぼれしてしまいました。
「気前がよくなった」のは、
私たちだけではありませんでした。

ポップを見て、たくさんのお客さまが
「『気前よく』ください」
「『気前よく』ください」って。
お店の中は「気前よく」という
言霊の波動でいっぱいになり、
お店の売り上げも、
「気前よく」前年の四倍になりました。

たったひと言、「気前よく」だけで
そうなったんです。

*

新年があけても
「気前よく天もり」は
一日十食限定でお出しすることになりました。

ある日、「気前よく天もり」を
注文なさったお客さまに、
ちょっと聞いてみたんです。

なぜ「気前よく天もり」を
注文してくださったんですか？　って。

そのお客さまはこう言ってくださいました。

「この『気前よく』という言葉がいいですね。
なんだか、スッキリして、気分がよくなる言葉ですね」

「気前よく」と言っている今の気分はどうですか？

たとえば、あなたは今、
五百円玉貯金をしているとする。
貯金箱に、五百円玉を入れるとき、
ひと言「気前よく」って
つけ足してみてごらん。

「気前よく」貯金をしよう、って。

ふだん、自分がやっていることに

「気前よく」をつけたとき、
あなたの気分はどうかわるだろうか。

百均で買い物をするんなら、
「気前よく」百均で買い物しよう、って。

いつものように
「百均で買い物をする」って言うのと、
どっちが気分がいいだろう。

かけうどんに、ちくわの天ぷらをのせたのを食べるときでも、
「かけうどんに、
『気前よく』ちくわの天ぷらをプラスしちゃおう」
って言ってみる。

ただ「かけうどんに、ちくわの天ぷら」と言うのと、
「気前よく」をつけ足したのとでは、
どっちが気分がいいですか？

「気前よく」ちくわの天ぷらをプラスしたほうが、
気分がいいんだよ。
たったひと言「気前よく」をつけ足しただけで、
いつも食べてるうどんが、
いい、いい、
気前のいいうどんになっちゃうんだよ。

そうやって、ふだん、やっていることに
「気前よく」という言葉をつけ足してごらん。

日常生活を何もかえないで

「気前よく」とか、
「気前がいい」って言うだけでいい。
それだけで目の前の景色がかわる。
「気前のいい人生」になっちゃうんだよ。

「気前よくの魔法」実験報告No.1

「気前よく」の言霊に乗せて、「気前よく」働いたら、気前よく、ボーナスとクリスマスプレゼントが出た！

栃木県・りーちゃん

一人さんから魔法の言霊「気前よく」を教わり、実践をはじめたその翌日、職場でサプライズ。

「気前よく」の言霊にのせて「気前よく」楽しくお仕事をしていたら、まだ勤めて一年もたっていないのに、「気前よく」ボーナスがいただけ、さらにクリスマスプレゼントまでいただきました。

「気前よく」という言霊のパワーで楽しくルンルンしていたんです。楽しくて感謝でワクワクで幸せです。

「気前よく」「気前がいい」と言いはじめて気づいたことは、「気前よく」って言うと、心が豊かになりますね。豊かな心からは豊かな種が蒔《ま》かれて愛がいっぱいになりますね。

もうひとつ、気づいたことは「気前よく」って言っていると、今まで、たとえば頭でわかっていた「人をゆるす」ということも、「気前よく」人をゆるせたりします。

日ごろ、ふつうにやっていたことも、「気前よく」をつけると、「気前よく」上気元で家族を送りだしたり、「気前よく」やさしさあふれる言葉をかけてあげられたり。

とにかく「気前よく」という言霊は自分の心の中を「気前よく」豊かさや、愛と光とで、いっぱいにしてくれます。「気前のいい」自分のこともめっちゃ愛《いと》おしくなります。

そうやって私が「気前よく」過ごしていると、家族も笑顔になります。また最近は、私につられてか、家族も「気前よく、おはよー」とか、「気前よく、行ってきます」とか、「気前がいい」「気前よく」という言霊を使いはじめました。

家族のラインは「気前いい」という言葉で会話が進みます。

今日も朝から、近県に住んでいる息子からラインがあり、自宅から見える富士山の写真を送ってくれました。

私も、だんなッチも、息子も、朝から、「気前いいね～」「最高だね～」ってラインしました。

娘も、先ほど「気前よく、行ってきま～す」と言って、部活に出かけました。家の中が愛と光に包まれています。

職場、友人・知人にも、「気前がいい」「気前よく」の言霊が広まり、自分がいるところには「気前のいい人たち」がたくさんいます。

「気前よく」「気前がいい」と言っていたら、実際に「気前のいい人生」になりました。

一人さんは「気前よく」「気前がいい」という言霊の魔法を気前よく信じているんだよ

「気前よく」という、たったひと言で、
目の前に起きることが違ってきます。
「気前のいい人生」になるんです。

どんなふうに
「気前のいいこと」が起きてくるんですか、って？

「気前のいいこと」ってね、
一人ひとり違うんだよ。

あなたには、あなたなりの、
「気前のいいこと」が起きてくるの。

だから、自分の人生が、
どんなふうにして「気前のいい人生」に
なってくるのか、知りたかったら、
「気前よく」って
言ってみるしかないんです。

だから、もし、あなたが
「気前のいい人生」について
本当に知りたいんだとしたら、
言ってみてごらん。

たとえば、朝、目が覚めたとき、
自分自身にこうやって言うんです。
さあ、「気前よく」起きよう、とかって。

家を出るときは、
「気前よく」会社に行ってきます。

そうやって、「気」で生活しながら
起きてくることが
「気前のいい人生」なんだよ。

だから職場で会う人、会う人に、
「おはようございます♪

今日も『気前よく』楽しくお仕事します」とか、

「気前よく」あいさつする。

「今日は、外は雨が降ってるけど、
中で私たちは
『気前よく』笑顔でいます」とかね。

そんな「気前のいい」自分に、

「気前いいなあ、自分」

って、「気前よく」ほめてあげる。

そんなふうに、

「気前よく」

「気前がいい」

と言いながら過ごしているのが
「気前のいい人生」なの。

そうやって「気前よく」過ごしていると、
あなたの本当の願いを、
神さまが「気前よく」かなえてくれるの。

一日何回「気前よく」を言うとか、
こういうときは、こうしなきゃいけないとか、
そんな「気前がよくない」ことを
神さまは言ったりしないよ。

だから、「気前よく」って言ってみてごらん。

職場の空気を読めない後輩のことも、
いばりん坊な課長のことも
「気前よく」ゆるすよ、って。
心の中で言ってみるのもいい。

あの人、こうだったらいいのに。
なんで、こうしてくれないんだろうって
気前がよくないことを、つい考える自分。
そんな自分も「気前よく」ゆるす。
自分自身に言ってみてごらん。
「気前よく」ゆるすよ、って。

それも「気」で生活する、ということだよ。

それだけやっていれば、
あとは神さまが、やってくれるから、
後のことは心配しなくていいんだよ。
神さまには「間違い」ができないの。
いいほうへと、あなたを導いてくれるからね。

「気前よく」自分の好きなことをしたくなっちゃうから魔法なんです

「気前よく」
「気前がいい」
という言葉はね、
あなたが持っているお金やモノを誰かにあげたり、
そういうことを「気前がいい」と
言うんじゃないんだよ。

たとえば、
今日は「気前よく」納豆定食を食べよう、とか、

「気前よく」をつけたのと、
つけないのとでは気分が全然、違うじゃない？

そう、気分なんだよ。気分の問題なの。

「気前よく」とか
「気前がいい」というのはね、
言うと同時に、
「気」が前に出る魔法の言葉なんだよ。

「気」が前に出ると人生の扉が開く。
あなたの人生が開花する。

もしね、あなたが今、

「気前よく」自分を表現したいし、
「気前よく」好きなこと、やりたいことをやりたい。
でも、うしろめたさを感じたり、
やっちゃダメなんじゃないか、
という気がしているのなら、
まずは、自分の日常を何もかえず
ふだん自分がやっていることに、
「気前よく」をつけてみてごらん。

「気前よく○○する」
って言ってみるだけでいいよ。

ダイエット中だったら、
「気前よく」ご飯半分で、とか。

ダイエット中でも、
ケーキとか、食べたいときもあるよね。
そういうときは、ガマンしないで、
「気前よく」ケーキ、食べちゃおう、とか。

それだけで、
「気前よく」自分のやりたいことがやれる。
「気前よく」自分を表現できるようになる。

うしろめたさを感じていた人も、
「気前よく」自分をゆるします、って。
そうやって、「気前よく」と言っていれば、
「気前がいい自分」になる。

「気前よくの魔法」実験報告No.2

迷ったときは、自分自身に「気前よく、悩もう」と言うと、すっと決断できて、迷わなくなりました♪

東京都・池浦秀一さん

この前、一人さんから「いい話」を聞きました。「気前よく」という言霊の魔法についての話です。「気前よく○○する」とかって言うと「気前のいい人生」になるよ、という話です。

20年近く一人さんの近くで教えを受けていた私は、一人さんが昔からよく「気前よく○○する」とか、「気前がいいね」とか、口グセのように言っていることは知っていました。

ただ、一人さんが「気前がいい」という言霊の魔法について説明をしてくれたのははじめてで、

「えっ、そういう効果があったんだ!!」

って、新鮮な驚きを感じずにはいられませんでした。

一人さんの「気前よく」の話を聞いているだけで自分の波動があがったのを感じました。そして、自分もこの言霊を日常で使ってみようと決めたんです。

冬の寒い日、私が「今日は気前よく冷えていますね」って言う。すると、周りの人たちが笑って「今日の気温は気前よ

く1℃ですよ」とかって明るい言葉を返してくれます。

また、ゲームのように面白いと評判の「大笑参り」(巻末173ページ参照) をするとき、

「気前のいい池ちゃんなら、大丈夫♪　なんとかなる♪　なんとかなる♪　なんとかなる♪」

と言って笑いながらお参りしていたら、

「私も気前のいい○○さんで大笑参りやりたいです」

と言ってくれる方が3、4人いて、
みなさんと気前よく楽しく、大笑参りをすることができました。

「気前のいい」言霊の魔法により、今まで以上に楽しい、気前のいい毎日を過ごせています。

ふだんから「気前よく」という言霊を使っているせいでしょうか、最近「気前よく」ものごとを決められる自分が出てきました。たとえば、外で食事をするときに「ラーメンと餃子《ギョーザ》、いっちゃおうかな。ラーメンだけにしとこうかな」って迷うことがあったんですけれど、今は「食べたいんだから、食べちゃおう」とか「気前よくやめよう」って即決できるんです。

迷うことがあっても、「気前よく」迷ってみようか、と言ったとたん、おかしさがこみあげてきて、笑ってしまいます。

笑うと迷いが消えて、自分のハラが決まる、というんでしょうかね。「よし、これをやってみよう」って決断が早くなります。

いちいち悩むことがなくなりました。

「気前のよくない」あの人をかえたいときは、自分自身を「気前よく」ゆるしてあげてごらん

「気前よく」と言っていれば、
気前のよくない、
あの人の性格が変わりますかって？

それは、「わからない」
というよりね、
「気前よく」と言っていると、
どんなふうに「気前のいいこと」が起きてくるのか、
私たちが考える必要はまったくないんですよ。

「気前よく」と言っていれば、
あとは神さまがなんとかやってくれるの。
だから、「気前よく」という
言霊の魔法を使ってみてごらん。

あの人のことをゆるせないのは、
「気前よく」の魔法を使っていないから。
だから、「気前よく」あの人をゆるします、
って言ってみてください。

相手をゆるすと、
自分が損をするんじゃないの。
相手をゆるすと、自分がゆるされるの。

「自分がゆるされる」って何ですかって？

あなたがゆるせないその人とは、
前世からの因縁《いんねん》みたいなものがあるの。
ところが、その人をゆるすと、
悪因が切れちゃうんです。

その、悪因が切れることが、
「自分がゆるされる」
ということなの。

ともかく「気前よく」をつけてみてごらん。
「気前よく」あの人をゆるします、って。

それだけでいいの。
あとは、あなたが「気前よく」って言いながら、
生きていればいいんだよ。

「私は小さいことを気にしてばかりいて」って言う人は、「気にしないようにする」努力をやめてごらん

「ゆるすとき」のコツっていうのはね、
天の神さまにおあずけしちゃうんだよ。
神さまがなんとかしてくれる。

大丈夫。
本当になんとかなるよ。

まずは言ってごらん。
「気前よく」あの人をゆるします、って。
そして、あの人をゆるせない自分のことを
「気前よく」ゆるします、って。

いちばん大切なことはね、
「気前よく」自分をゆるすことなの。
それができたら、
他人のことも「気前よく」ゆるせちゃう。

わかるかい？

ゆるせないのは本来、自分なんだよ。

大きな問題って、
誰でも気になるじゃない？
どうしたって気になっちゃうのが
大きい問題だよね。

「でも、小さいことばかり、
自分は気にしちゃうんだ。
そんな自分が嫌なんだ」
って言う人がいるんだけどね、
それって当然なんだよ。

だって、そのことは、
あなたにとって大きな問題なんだもん。
大きな問題は誰だって気になるんだもん。

気にしちゃいけない、って、
そろそろ肩の荷をおろそう。
自分をゆるそうよ。

自分をゆるせないのはね、
「気前よく」を言っていないからなの。

たったそれだけですか、って、
たったそれだけのことで、
苦しい思いをしちゃってたんだよ。

だから、言ってごらん。
自分を「気前よく」ゆるします、って。

「気前よくの魔法」実験報告No.3

「気前のいい、人見知りの稲見です」と言うとみんなが急に笑顔になってくれて、うれしくなっちゃう♪

愛媛県・稲見仁基さん

一人さんが教えてくれた魔法の言葉「気前のいい」の実験に参加している、気前のいい、人見知りの稲見です（笑）。

仲がよくなってくると、私はすごくしゃべれるんですけどね。小学校のときも、１学期のときはすごい大人しいんです。２学期ぐらいからすごくうるさくなってきて、３学期はたいへんなんですよ（笑）。

「今も、そんな感じなんですよ」って。「私は人見知りなんです」って、初対面の人にあらかじめ言っていました。

最初に「人見知りです」って言っておくと、時々、「人見知り」が出たときも「そういえば、仁基さんは、自分は人見知りだって言ってたね」って、あたたかい目で見守ってくれるんです。

「人見知りだからね～」みたいな。みんな笑って終わる、みたいな。

「気前のいい」をつけると、もっといいのは、

「気前のいい、人見知りの稲見です」と言うと場が和むんです。

初対面でもお互い笑って、とってもコミュニケーションがとれやすくなります。

それと、私は奥さんと、いわゆる「夫婦の修行」をしてい

るんですね。

奥さんにすごく叱《しか》られたとき、私は「えっ、なんで！」って言い返しそうになるんですけれど（笑）。

そんなときに「気前よくゆるします」って心の中で言うんですけど、

「気前よく」と言ったとたん、あこがれの一人さんの、粋でカッコいいイメージが出てきて、ふっと、「粋でカッコよく、サラリといこう」っていうスイッチが入るというんでしょうかね。

「まっ、いいか」と思ったり、叱られているのに「気前よく」と言っている自分のことを冷静に見ている、もうひとりの自分がいて、くすっと笑っちゃう、というかな。

「これも面白がって楽しめますか？」「叱られてることすら面白がることができますか？」って、すぐ自分自身に問いかけてしまうんです。

すると、もう一人の自分が「もちろんですよ」って。笑いながら、「これも楽しみますけど、何か？」みたいな感じに、すぐなれる。

それを何回か繰り返しているうちに、最近、怒られる回数が半分に減ったかな。

怒られていても私がヘコまない、面白がっているからですかね？

業《ごう》が燃えているのか、修行が終わりかけているのか、私にはよくわからないんですけど。

「気前がいい」とか、「気前よく」とか言うと、楽しい気持ちがこみあげてくる。そうすると、**現実の世界でも、一瞬で「自分が楽しんでたら勝ち」**みたいになってしまうんです。

「気前よくゆるします」って、楽ですね。

第二章

たった一言でラクで楽しく
自分が好きになる

「気前よく」と言うだけで、小さな奇跡が毎日、起きるようになるんだよ

この本を出版することになった
きっかけは、
有志の方が実験をしてくれていたんです。

「気前がいい」と言っていると
自分の中がどうかわっていくのか、
自分の目の前の現実がどうかわっていくのかを
知りたい人たちが集まって、
グループラインを作って、

その中で、各自の体験談を発表しあっていました。

アンケートをとったらね、
「気前がいい」という言霊の魔法により、
「浄化《じょうか》された」と感じたことがあると
回答した人は九割もいました、
っていう話を聞いたのね。

『気前よく』っていう
魔法の言葉を使いだしてから、
「自分のことが大好きになりました、
っていう人もいたんですよ」っていう、
うれしい報告もいただいたんです。

「気前よくの魔法」実験報告No.4

日常会話が急にステキになる、
平凡な毎日が特別な１日になる、
魔法の言葉「気前よく」

東京都・くぼけんさん

先日、お休みのときに、東京の新小岩にある「ひとりさんファンクラブ」で「大笑参り」(173ページ参照) をしていたら、スタッフの方がおいしい赤の葡萄酒《ぶどうしゅ》をふるまってくださいました。

みなさんと「気前よく」乾杯して、「気前よく」いただきました。

「気前よく」いただくと、違うんですね。

ワインを一口飲んだだけで頭が痛くなってしまう私だったのに、「気前よく」いただいたら、ただ楽しく、ただただ美味しかったです。

ものすごい言霊を教わることができて、ありがたいです。

「気前よく」の実験に参加して、まだ１カ月もたっていないのですが、日常会話が急にステキな会話に変身したり、平凡な毎日がちょっと特別な光景に見えてきたり。

この言霊の魔法のすごさを日々、実感しています。

今日、私は寝坊してしまったんです。予定していた時間に起きられなかった自分自身に、「ゆるします」と言っても、まだモヤモヤしてる。

そこで私はこう言ってみたんです。

「気前よく」自分をゆるします、って。

めちゃくちゃスッキリして、パワー全開になりました。

「気前よくの魔法」実験報告No.5

「気前よく」ゆるします、
と言ったとたん、ふわっと、
体が軽くなり、
気前のいい本当の自分が出た！

東京都・秋本由香さん

「気前よく」の実験をはじめる前は、

「気前のよくない自分」が出てくることがあったんです。

「どうして、この人はこんなこと言うのかしら」とか、

「なんで、こうしてくれないんだろう」と思ってしまう。

　ずっと前から、心の中で「あの人をゆるします」と言ってきたんです。自分自身にも「もっと自分をゆるします」と言ってきました。

「気前よく」の実験をはじめて、ある日、私は気づいたんです。

　心の中で「気前よく、あの人をゆるします」と言ってみたら、体がふわっと軽くなるんです。

「どうして、こんなこと言うのかしら」と思っていても、その人はかわらないんです。でも、その人が言うこと、やることに、「それ、気前がいいね」って言えるようになったんです。

「これがこの人のキャラクターなんだ」って。

　私はその人のことを気前よくゆるせるようになりました。

　気前のいい自分が出てくるようになって、私は、ますます自分のことが大好きになりました。

「気前よく」と言っているうちに、自分の魅力が現われる、自分のことが好きになるんだよ

「人間の魅力」っていうと、
いろんな魅力があるじゃない？

何に魅力を感じますか？
って聞くと、
目が細いほうがいいとか、
大きいほうがいいとか、

いろんなことを言うんだけど、
「気前のいい人」は嫌いだよ、っていう人に、
私は会ったことがないんだよ。
たいがいの人は、
「気前のいい人」が好きなんだよね。
あなたも、そうじゃない？

でもね、本当は、
誰でも、「気前がいい人」なんだよ。

「いいえ、私は絶対に、
気前がいい人ではありませんよ」という人も、
本当は「気前がいい、あなた」なの。

ウソだと思うなら、
「気前よく」っていう言霊の魔法を
使ってごらん。

日ごろ「気前よく」と言っているうちに、
「気前のいい自分」が出てくるの。

それが、「気前よく」という、
言霊の魔法なんだよ。

「気前よく」と言っているだけで解決しちゃう問題って、いっぱいあるんだよ

人生にはね、
「気前よく」生きてるだけで、
解決しちゃう問題って、
実は、いっぱいあるんだよ。

たとえば、「気」が
あまりにも後ろに引っ込んじゃっているとね、
占いでも何でも、
自分が見るもの、聞くものに

「わあ、どうしよう」ってなっちゃう。

でも、「気」が前に出てるときは、
「気前のいい」とらえ方ができちゃうんだよね。

どういうことですか、というとね。

たとえば、自分は「七赤金星《しちせききんせい》」だとする。

金星の「金」はお金に通じ、
七赤の「赤」は実りに通ず。
つまり、一生涯、お金に困らず、
実りっぱなし。

こういうふうに、
自分に都合よく、とらえるんだよ。

わかるかい？

そういう星まわりだから
「そうなんだ」
っていうんじゃないんだよ。

自分の気持ちが下を向かないように、
「一生涯、オレは困らず、
実りある人生を送るんだ」って
とらえるんだよね。

勝手にそんなことをしていいんですか、って、
どうして「やっちゃダメ」なの？

「やっちゃダメだ」って
誰も言ってないじゃない（笑）。

一人さんもね、昔から、
「自分は一生涯、実りっぱなしだ」って
思っていたんだよ。
そしたら、ほら。
オレが昔、思っていたことが、
こうして現実になってるじゃない？

わかるかい？

「思い」が人生を創造するんだよ。

自分の星まわりは、
どうのこうのって、
いろいろ書いてあってもいいの。
何が書いてあっても、
「自分は最高の星まわりだ」とか、
「気前よく」思えばいい。

自分の「気」が後ろに引っ込まない、
自分が胸を張れるような解釈をすれば
スカッとして生きられるの。

さらにそのうえに、実際、最高に、

運のいいことが起きてくるの。

そういう解釈ができるようになるために、
みなさん、これも、あれも努力して
何かを勝ち取りましょう。
そんな話をしているんじゃないよ。

「気前よく生きる」のに努力なんて、
本当は要らないんだよ。

「気前よく」の魔法を使えばいいんだ。

ふだん、自分がやっていることに
「気前よく」をつけ足せばいいんだよ。

一人さん流は、ラクで楽しく自分の心をコントロールするんだよ

たとえば、食事のとき、
お腹がいっぱいになっちゃうときって
あるじゃない？

そういうときは、
心の中で「ごめんなさい」して
残せばいいんだけど、
それでは心が、
すっきりしないときってあるよね。

そういうときは、
こう言ってみるといいよ。

「気前よく」残します、って。

また、あるときは、
職場で上司や先輩に怒られるときもある。

そのときは、いろんな手が自分にあるといいよね。
あの手がダメなら、この手がある、
この手がダメなら、また別の手で行ける。

そうやってできるほうが、いいよね。

それが簡単にできる、
何かいい方法はありませんか、って、
一人さんが今、いちばん、
おススメしているのが
「気前よく」なんだよね。

ただ、自分は怒られているんじゃなくて、
「気前よく」怒られてあげてるんだ、って。
「気前よく」をつけるんだよ。

「気前よく」怒られてあげて、
「気前よく」上司をゆるしてあげる。

ふられるときもあるよね。

そのときは、「ふられちゃったよ、オレ」って、
思うと暗い気持ちになっちゃうの。

だから、「気前よく」をつけてみる。

「気前よく」ふられちゃったよ、オレ、って。

それをやっているうちに、
心の運転の仕方がうまくなってくるんだよ。

自分も、相手の人も、
心を暗くしないで済む技術なんだよね。

とくに、自分の「気」が前に出るよね。

「気前よく」という言霊を、一個知っているだけで、
気持ちが全然、違ってきちゃうの。

みんな、ほんとは「気前のいい人」なのに、
ほとんどの人は生きているうちに
「気前のいい自分」を忘れちゃうんだよ。

それは誰のせいでもないんだよ。

「気前よく」という
言霊の魔法を知らなかっただけ。
ただ、それだけなんだよ。

がんばってウマくいかない自分はダメなんじゃないよ、ラクで楽しい方法ならウマくいくんだよ

この前、知り合いの人としゃべっていたのね。
その人も、「気前よく」という言霊の魔法で、
「気」が前に出るようになったら、
ものすごくいい展開になってきたんだって。

それはどうしてなんでしょう、って、
私に聞いてきたのね。

「気」が前に出るといいのはなぜですか、
そもそも「気」とは何ですか、って。

その「こたえ」は、
実は一人さんにもよくわからないんだよ。

私にわかることはね、
「気」を前に出せば、
何でもウマく行くことと、
「気」が後ろに行っちゃうとね、
ものってウマくいかないの。

たとえば、風邪をひいてる人を見て過剰に恐れる、
一歩、「気」が後ろに引いちゃう。

いわゆる気後れすると、
風邪をひいちゃうことがあるんだよ。

逆を言うとね、
お医者さんでも、看護師さんでも、
風邪にかかった人がたくさんいる環境で
ずっと働いているじゃない?

ところが、そういう人たちって、
風邪をひく確率が
ものすごく低いんだよ。

それはなぜですか、というと
「この患者さんを治すんだ」

と思ってるの。

「気」が前に出ているんだよ。
だから、なかなか、かからないの。

「気」を前に出すってね。
本当に大事なことなんだよ。

「気」が後ろに行っちゃうと、
体も、免疫だとか、いろんなことが
ウマくいかなくなっちゃうんだよ。

それと、これは、
戦争を経験した人から聞いた話なんだけどね。

鉄砲で撃たれてケガをして、
ベッドにずっと寝ている人たちの中に、
「助かるだろう」って
言われていたのに、亡くなる人がいる。

そうかと思えば、
逆に「見込みがない」と言われてたのに、
助かる人がいるんだって。

助かる人の特徴は、
「大丈夫か?」って心配されても、
「大丈夫です!」って言うんだって。

ところが、大丈夫そうな人でも、
「いてえ〜」とか、
「もうダメだ」とか言ってると、
「気」が引っ込んじゃうの。
あなたは大丈夫だ、助かるよ、って、
言われていた人でもダメになっちゃう。

人間っていうのは、
「気」が前に出ているか、どうかなんだよ。

体の調子がいま一つなとき、
仕事でも何でも、
ウマく行かないときは、
「気前よく」って言えばいいの。

それで「気」が前に出て、
いろんなことが
ウマく行くようになっているの。

一人さんなんか、子どもの頃から病気ばかりしてて
幾度となく、「もうダメだ」
「今度こそダメだ」って言われてきたけど、
何回でも、生還してきちゃった。

それは、病気をしようが、何があっても
「気」が引っ込むことはなかったの。
それは「気」が前に出ていたからだと思う。

ともかく、言ってごらん。
「気前よく」って。

がんばることがやめられないなら、「気前よく」をつけてごらん。がんばることを「気前よく」やめる、って

あなたが「気前よく」と言えば、
あなたは「気前のいいあなた」に戻れるの。
本当の自分になるんだよ。
「気前のいい自分」が、本当のあなたなんだよ。

本来の、「気前のいい自分」じゃなく
生きてるから苦しいんだよね。

自分のことをあざむいているから、
自分を好きになれない。

でも、自分を好きになろうとしなくても、
「気前よく」って、
言うだけでいいんだよ。

そしたら「気前のいい自分」に戻れるの。
他人のこともゆるせちゃうんだよ。
自分のことも愛せるの。

わかるかい？

人生っていうのはね。

本当は難しいことなんか、
一つもないんだよ。

努力と根性は卒業だよ。

「気前よく」やめちゃおうね。

「気前よくの魔法」実験報告No.6

自分自身に「気前よく」ごちそうできました！今まで味わったことのない感動を体験できました!!

東京都・Pさん

私はふだん仕事が終わると、すぐ家に帰ることが多いのですが、先日は美味しいラーメン屋さんに寄り道してみました。

そこのお店では、いつもラーメンか、つけ麵《めん》を頼むのですが、その日はふと「気前よく」という言葉が頭に浮かんだのです。「気前よく〇〇する」とか、「気前いいね」とか言うようになってきたから、頭にふと浮かんだんでしょうね。

「気前よく」って。

私はなぜか、このお店のメニューの中でいちばんゴージャスな「つけ麵スペシャル」を頼んだのでありました♪

もはやチャーシューと呼べない！って言うぐらい、

肉厚のチャーシューが、なんと！　３枚ものっかっていて、メンマも「今まで見たこともない」くらい太くてビックリ。

「さすがスペシャルだ！」と感動しました。

という報告を、「気前よく」の実験をしている人たちとやっているグループラインに入れたところ、「気前よく」の実験に参加している友人が、私が入れたトークを見て、こう言ってくれました。

「Ｐちゃんって、昔から、他人には『気前よく』おごってくれてたよね。でも、今回、自分に『気前よく』ごちそうできたんだね、よかったね。Ｐちゃん、気前いい」って。

　私は「はっ！」としました。

「気前よく」という、たったひと言で、自分自身にも「気前よく」ごちそうできる私になったんです。

「気前よく」という言葉を自分に使っていなかったら、味わうことはなかったであろう、驚きと感動を、味わうことができました。私の中で、小さな奇跡が起きました。

　魔法の言霊「気前よく」を教えてくれた一人さんに感謝の気持ちでいっぱいです。

「気前よくの魔法」実験報告No.7

「気前よく」と言っていたら、今まで気づかなかった「本当の自分」がわかってきました!!

東京都・KOO《クー》ちゃんさん

お気前さまでございます（^^）「気前よく」の実験をはじめた私KOO《クー》の、最近の変化を報告しますね。

私は元々、「好き」と「嫌い」がはっきりしている人だ、と思っていました。

私は「やりたいことはやる」し、「やりたくないことは無理してやらない」人だわ、って思っていたのです。

でも、「気前よく」を言っていたら、自分が本当にやりたいこと、本当に好きなことが明確になってきました。

理由もなく自分はこれがやりたい、理由もなく好きっていうものが、「本当にやりたいこと」だし、「本当に好きなこと」。

それをやっているときに、「生きてるぞ！」って感じます。

逆に、「これこれこうだから、やらなきゃ」って、思ってやっていたことを「気前よく」断ることは、自分にとっても相手にとっても、大切なことだなって、身に染みてわかってきましたよ。

「気前よく」と言っているだけで、他人に「気前よく」て、自分自身にもウソをつかない、すがすがしい生き方ができるようになりました。

第三章

奇跡のスイッチ「気前よく」

――なぜ、あの人には困ったことが「ツキ」にかわるのか

他人にお願いできない人・断れない人は、「気前よく」をつけ足してごらん

私のお弟子さんの一人、
みっちゃん先生はね、
誰かに「これ、お願い」って言ったり、
お断りをすることが苦手だったのね。

でも、今のみっちゃん先生は
「気前よく」他人《ひと》にお願いするし、
「気前よく」断ることだってできるの。

それは、努力した結果、
そうなったんじゃないんだよ。
「気前よく」って言ってたからなの。

「気前よく」って言ってると、
ふっと、迷いが消える。
その場、その場の、
いちばんいいタイミングで
決断や行動ができるようになってくる。
何でも楽にできるようになってくるんだよ。

それは、「気前よく」って言うと、
「気」が前に出てくるからなんだよね。

「気」が引っ込んじゃったままだと
もったいないの。

人間ってね、
心の中に〝宝の山〟を持っているんだよ。
いろんな才能、チャンス、
人生を創造するパワーだとか、
〝宝の山〟があなたの中にあるんだよ。

それを、この世の中で生かせるか、
生かせないかは、
まず、「気」の問題。
「気」が前に出ているか、どうか、なんだよ。

だから、「気前よく」って言えばいいの。

「気前よく」をつけ足しただけで、
その人が出す「ことば」が違ってくる。

目の前に出てきた問題、
出た問題にどう対処すればいいのか、
その人が出す「こたえ」が、
なぜか、ピタっ、ピタっと、
あってくるようになるんだよ。

たったひと言の魔法で、困ったことが起こらない、「気前よく」対処できる私に変身

〜新潟の、木村美南子さんに起きた〝小さな奇跡〟

ふだん、自分がやっていることに
「気前よく」という言葉をつけ足して、
「気前よく〇〇する」
それをやっているうちに、
いろんな変化――小さな奇跡――が
起きてくるんですけど。

「気前よく」の実験をやってくれている人にアンケートをとったらね、

「決断」と「行動」のスピードが速くなりました、って回答した人が八割いたんですって。

その中の一人、新潟の燕《つばめ》市に住む、木村美南子さんに起きた〝小さな奇跡〟について、ご本人に語ってもらいましょう。

寒波に見舞われた新潟でハプニング「車のエンジンがかからない！」

「気前よく」の実験が
はじまったばかりの頃、だったと思います。

一人さんのお弟子さんの一人、
舛岡はなゑ社長を新潟にお迎えしての、
講演会を開催させていただきました。

はなゑ社長の講演会は、大成功。
講演会主催者の私は、

心の中でひそかに「やった！」と、
ガッツポーズをしようと思った、そのとき、
まったく想定していない、
知らせが耳に入ってきたのです。

講演会終了後、
はなゑ社長はレンタカーで
翌日に講演会が開催される群馬へと
向かう予定だったのです。

ところが、ドライバーの方が、
エンジンキーをひねったところ、なんと！

「エンジンがかからない！」

「もしかしたら、私のせい？」自分を責めそうな自分に「気前よく」と言ってみた

故障したのは、
東京の本部で借りた、
東京からきているレンタカーでした。
その車が動かなくなる直前、
運転していたのは私だったんです。
だから、「私、何かしちゃったかな？」って。
「私が壊しちゃったのかも」って、

自分をちょっと責めそうになったんです。

「あっ、こんなことしてちゃダメだ」

何があっても、自分を責めちゃダメだよ、って、
一人さんから教わっていたことと、
「気前よく」という魔法の言葉を
私は運よく、思い出すことができました。

「気前よく」やろう。

私は心の中で自分にそう言いました。

「気前よく」と言ったとたん、

脳コンピュータが高速回転をはじめたみたい。

今、起きていることの中で、
いちばん最初に、
解決しなくてはいけないのは何だろう。
その問題にはどう対処すればいいんだろう。

思い浮かんだアイディアを
私は、正解かどうか、は考えず、
「気前よく」試してみよう、って思いました。

そしたら、一歩、足が出て、
次、次って、いろいろ試したんです。

ついさっきまで、
「はなゑ社長たちに、ご迷惑をかけちゃいけない」
と、焦っていたのに、
「室内灯が暗いな」とか、
「キーの電池もないかも」とか、
私は冷静に現状を観察し、
「これは、こうだな」って、
冷静な判断がすぐできたんです。

いろんな手段を試していたら、
すぐ、見えてきました。
今、この現状での最善が見えてきたんです。

「助かった、ついてる」また、「ついてる」の連続

すぐに、レンタカー屋さんにお電話をして相談させていただいたんですけど、そのとき、レンタカー屋さんに言われたんですね。

「JAF《ジャフ》を呼んでください」って。

私はすぐにJAFさんに電話をし、レスキューをお願いしました。

ただ、JAFが到着するまでに三時間かかるとのことでした。

＊ＪＡＦ（一般社団法人　日本自動車連盟）：車が故障するなどのトラブルが起きたときに、現場にかけつけ、救助してくれる。

スケジュール的に三時間待ちは厳しいし、
外の気温もグングン下がっている。
北国の、真冬の夜に、
三時間も、外で待てないなと思ったので、
ダブルブッキング、という形にはなるけれど、
三時間も外で、みなさんを
お待たせするよりはいいだろう、と思い、
私は、知り合いの車屋さんに電話して、
現場近くの車屋さんにレスキューを頼んだんです。

そしたら、近くの車屋さんが
すぐにレスキューにきてくれたんですね。
見てもらったら、バッテリーが弱っていて、
交換しないといけないことが判明したんです。

でも、かけつけてくれた車屋さんのところには
バッテリーがあって、交換ができる。

なんて、ついているんでしょう！

私はもう一度、レンタカー屋さんに電話をして
状況を説明し、バッテリー交換をする旨《むね》を伝えました。
レンタカー屋さんは了解してくれて、
「車を返すときは、領収書を持ってきてください」
と言われました。

バッテリーを交換してもらっている間に、
懇親会も滞《とどこ》りなく盛り上がり、
はなゑ社長ご一行を、駅まで

送り届けることができました。
車も、バッテリー交換が済み、群馬に向かいました。

気前よく、私を守ってくれている

私は、自宅に戻って、ほっと一息つきました。
「私の判断は、あれでよかったのかな」
という考えが、一瞬、頭をよぎって、
でも、すぐに消えました。

それは、「気前よく」の言霊の魔法のおかげです。

気前よく、自分をゆるそう、って、
私は思って、自分に言いました。

「気前よく、ゆるします」って。

そのとき、なぜか、
自分が守られてる感じがしました。
自分の前に「気」が、バーンと出て、守ってくれている感じ。

そしたら、私、
「そうか、これでいいんだ」って、
思ったんです。

今の自分に必要な「こたえ」を探しているなら「気前よく」って言ってごらん

知り合いの編集者さんで、
「気前よく」の言霊の実験に
参加してくれている人がいるんです。

その人が、この前、
こんなことを言ってたのね。

「気前よく」「気前よく」って、
言っているうちに、
その都度、今の自分に必要な〝こたえ〟が、
わかるようになってきました。
なんだか、頭がよくなった気がします。
そういう気がするだけなんですけどね、って。

そのとき、一人さんはこう言ったのね。
あなたは今「気がする」って
言ってたけど、違うよ、って。

「気前よく」って言っていると、
段々と、利口《りこう》になってくるんだよ。

「気」で生きてるとね、
心の中にある〝宝の山〟を生かしながら、
人生の旅路を楽しみながら、
歩いていけるようになるんだよ。

気前のよくない生き方をしていると
気前のよくない人生を送っているとね、
そういう人生にふさわしい知恵しか、
思い浮かばないんだよ。

だけど、気前のよくない生き方をしていた人だって、
「気前よく」っていう言霊の魔法でかわるんだよ。

人生は「思い」が創造する、って言うじゃない？

精神的な勉強をしている人ほど、
「思い」をかえるのはたいへんだ、って、
言うんだよ。

だけど、一人さんは
「そうじゃないよ」って言うの。

あなたの「思い」は、
あなたが自由にかえられるんだよ。
楽で楽しくかえられる方法があるんだよ。

「何だよ、またコンビニご飯か」とか、
「オレはケチな人間だ」とかって、
言っていた人でも、

今からでも、かわれるの。

コンビニご飯を食べるときは、
「気前よく」コンビニご飯を食べるよ、
って言えばいい。

ケチケチするときは、
「気前よく」ケチっとくか、って。

そんなことを言ってる自分が、
なんだか面白くて笑っちゃうんだよ。
「気」が前に出るの。

いま「気」が前に出た、

いま「気」が前に出た、
「気」が前に出た瞬間を、
日々、積み重ねてできてくるのが
「気前のいい人生」なんだよ。

あきらめるんじゃなく、目的をかえた、ということなの。「気前よく」目的をかえた、って言ってごらん

私は、昔からずっと、
自分の好きなように生きてきたの。
やりたいことをあきらめたことはなかったんだよ。
ただ、途中で目的がかわっちゃったことはあるの。
最初は「こうしたい」と思っていたことでも、

そのうち、やりたくなくなってきて、
やらなくなっちゃったことなんか、
たくさんあるよ、って。

わかるかい？

自分が決めたことは、かえていいんだよ。

「自分で決めたことだから、
やりとげなきゃいけないよ」って、
言われてきたと思うのね。

でも、一人さんは言うんだよ。
やりとげようとしなくていいよ、って。

だって、「それをやる」って、
自分が決めたんでしょ？
「それをやめる」って、
自分が決めればいいだけの話なんだよ。

わかるかい？

自分がやりたくないと思ったら、
目的はかえていいんだよ。
やめていいんだよ。

ただ、そのときは必ず、
「気前よく」ってつけ足すんだよ。

そしたら、明るく笑っていられるからね。
自分を責めて苦しまないで済むからね。

＊

人生ってね、
旅路なの。

旅っていうのはね、
目的地にたどり着くことが目的ではなくて、
旅をしている間、
楽しく過ごすことが目的なんだよ。
もっと、もっと気楽なものなの。

旅の途中、
いろんな人と知り合い、
道を間違えて
目的地とは違うところにたどり着くと
そこで魂がふるえるような
絶景と出会ったりするんだよ。
一生涯の友と出会うこともあるんだよ。

だから、寄り道したきゃ、
寄り道していいの。

計画通りに行かないときは、
計画をかえればいいんだ。

ただし「気前よく」だよ。

「気前よく」寄り道して、
「気前よく」計画をかえるんだよ。

気前のいいあなたが歩く
人生の旅路には、
神さまが「気前よく」
奇跡を起こしてくれるからね。

最後に。

「気前よく」

この本を読んでくれた、
気前のいいあなたへ。
ありがとう。

ひとりさんとお弟子さんたちのブログについて

斎藤一人オフィシャルブログ
https://ameblo.jp/saitou-hitori-official

一人さんが毎日あなたのために、ついてる言葉を、日替わりで載せてくれています。ぜひ、遊びにきてください。

一人さんのTwitter

https://twitter.com/O4Wr8uAizHerEWj

お弟子さんたちのブログ

柴村恵美子さんのブログ　https://ameblo.jp/tuiteru-emiko/
ホームページ　http://shibamuraemiko.com

舛岡はなゑさんのブログ　https://ameblo.jp/tsuki-4978/
オフィシャルサイト（講演会・美開運メイク・癒しのセラピスト）
https://bikaiun.com

みっちゃん先生のブログ　http://ameblo.jp/genbu-m4900/

宮本真由美さんのブログ　https://ameblo.jp/mm4900/

千葉純一さんのブログ　https://ameblo.jp/chiba4900/

遠藤忠夫さんのブログ　https://ameblo.jp/ukon-azuki/

宇野信行さんのブログ　https://ameblo.jp/nobuyuki4499

高津りえさんのブログ　http://blog.rie-hikari.com/

おがちゃんのブログ　https://ameblo.jp/mukarayu-ogata/

〈著者略歴〉

斎藤一人（さいとう　ひとり）

実業家、「銀座まるかん」（日本漢方研究所）の創業者。

1993年以来、毎年、全国高額納税者番付（総合）6位以内にただ1人連続ランクインし、2003年には累計納税額で日本一になる。土地売却や株式公開などによる高額納税者が多いなか、納税額はすべて事業所得によるものという異色の存在として注目されている。

主な著書に、『絶対、よくなる！』『変な人が書いた 人生の哲学』（以上、PHP研究所）、『強運』『人生に成功したい人が読む本』『知らないと損する不思議議な話』『人生が楽しくなる「因果の法則」』（以上、PHP文庫）、『斎藤一人 絶対、なんとかなる！』『斎藤一人 俺の人生』（以上、マキノ出版）、『お金の真理』（サンマーク出版）などがある。その他、多数の著書がすべてベストセラーになっている。

オフィシャルブログ
https://ameblo.jp/saitou-hitori-official

「気前よく」の奇跡

2019年4月3日　第1版第1刷発行

著　者	斎　藤　一　人
発行者	後　藤　淳　一
発行所	株式会社PHP研究所
東京本部 〒135-8137	江東区豊洲5-6-52
CVS制作部	☎03-3520-9658（編集）
普及部	☎03-3520-9630（販売）
京都本部 〒601-8411	京都市南区西九条北ノ内町11
PHP INTERFACE	https://www.php.co.jp/
組　版	有限会社エヴリ・シンク
印刷所	株式会社精興社
製本所	東京美術紙工協業組合

ISBN978-4-569-84288-2

PHPの本

人生が楽しくなる「因果の法則」

斎藤一人 著

成功したいなら、知っておくべき〝基礎〟がある――。日本一しあわせなお金持ち・斎藤一人さんが誰も知らない人生の仕組みを大公開！

〈文庫判〉 定価 本体五六〇円（税別）